L'ABBÉ

SANDERET DE VALONNE

CURÉ DE POLIGNY

ET SES VOYAGES EN WESTPHALIE ET EN HOLLANDE (1794)

SOUVENIRS RECUEILLIS

Par l'Abbé GAURARD

ET PUBLIÉS

PAR L. PINGAUD

POLIGNY

IMPRIMERIE DE G. MARESCHAL

1879

L'ABBÉ SANDERET DE VALONNE

Le principal personnage du récit qui va suivre, l'abbé Sanderet de Valonne, était en 1789 doyen du chapitre et curé de la paroisse Saint-Hippolyte de Poligny. Il avait succédé en 1785 à l'abbé de Chaffoy, « sujet petit et fort petit pour la taille, plus petit encore dans les façons, haut et vain, sans mérite, curé et pasteur sans zèle et sans soin, vétilleux, pointilleux, sans monde, sans expérience, oublié des honnêtes gens parce qu'il les oublie ou qu'il leur manque (1). » Le nouveau doyen, présenté par monseigneur de Durfort aux suffrages du chapitre, malgré sa jeunesse — il avait trente ans à peine, — justifia la confiance qu'on avait mise d'avance dans ses talents et dans son caractère.

Sa famille était honorablement connue en Franche-Comté; son père était maître aux Comptes à Dole, un de ses frères conseiller au Parlement de Besançon. Lui-même était né à Ornans le 14 avril 1755, et tout cadet de famille qu'il fût, s'était senti appelé par une vocation sincère à la vie sacerdotale : il était docteur en théologie et avait manifesté pour la prédication des talents précoces. Par tous les côtés, même par les avantages physiques, il était l'opposé de son prédécesseur, et Chevalier

---

(1) Notes mss. de Chevalier, communiquées par M. Ch. Baille. Il ne faut pas confondre cet abbé de Chaffoy avec le prêtre du même nom, qui devint plus tard vicaire-général de Besançon et évêque de Nimes.

constate qu'à Poligny il prévint en sa faveur les cœurs et les esprits. « On ne sait, ajoute-t-il à la date de 1790, pourquoi l'on en a tant rabattu ; on lui attribue quelques imprudences, trop peu de ménagements et même un défaut de conduite dans le gouvernement de ses affaires domestiques, car du côté des mœurs il n'y a rien à dire. » Sans doute on se vengeait ainsi de cette admiration confiante qu'il avait inspirée, et qui finit toujours par peser à l'envieuse nature humaine ; l'on ne voulait plus voir que les défauts inévitables du caractère et de la conduite ; toutes les popularités sont à ce prix. L'abbé Sanderet allait du moins déployer, dans des circonstances inattendues, des qualités qu'on ne lui connaissait pas encore, le courage et la résignation dans les épreuves.

En 1791, lorsqu'on lui demanda le serment à la constitution, il le prêta, sous toutes réserves de ses devoirs envers Dieu et l'Église ; mais il refusa absolument de souscrire à la constitution dite *civile du clergé*, et dut quitter ses fonctions (mai 1791). Il se retira à Vuillafans, où sa famille avait des propriétés, et y demeura jusqu'à ce que la loi de déportation (septembre 1792) le condamnât à l'exil. Réfugié en Suisse, inscrit sur la liste des émigrés, il trouva moyen, comme on le verra tout-à-l'heure, et de se suffire à lui-même, et de contribuer d'une façon efficace au soulagement de ses confrères. Aussitôt la tourmente passée, il se hâta de rentrer, et sut se dérober par une retraite absolue aux lois de déportation du Directoire, dernier fruit de la réaction révolutionnaire.

Quand la paix de l'Église fut assurée par le Concordat, il accepta les fonctions de curé de Vuillafans, qu'il ne devait pas longtemps garder. Ayant donné sa démission dès le mois d'août 1805, il se retira à Besançon, pour s'y vouer, en missionnaire volontaire, à l'exercice de la prédication, de la direction spirituelle et de toutes les œuvres de charité. Monseigneur Le Coz, qui appréciait son mérite, le nomma chanoine honoraire, et comme l'abbé Sanderet était bien fait de sa personne, d'un port majestueux et d'une éloquence naturellement ornée, il aimait à le produire en chaire, dans ces fêtes de grand appareil, moitié civiles, moitié religieuses, qui étaient fréquentes sous le premier Empire. A la fin de 1813, une épidémie fort dangereuse s'étant déclarée à l'hôpital militaire, l'abbé Sanderet fut des plus empressés à aller secourir et consoler les malades, et il succomba victime de son zèle le 1er janvier 1814, le jour même où les Autrichiens commençaient le siège de la ville. Il fut inhumé dans le cimetière du petit village suburbain de Chalèze.

Durant son exil, l'abbé Sanderet avait été associé, ainsi que plusieurs autres prêtres franc-comtois, par les évêques résidant en Suisse à l'œuvre dite *des collectes;* il était de cette troupe de *frères quêteurs* chargés de solliciter à travers toute l'Europe des secours pour les prêtres exilés, et il avait été chargé avec l'abbé Courbat, vicaire du diocèse de Bâle, de parcourir la Westphalie. Ils partirent de Soleure le 30 avril 1794. C'est le récit de leur voyage qu'on va lire.

Ce récit est emprunté à un recueil manuscrit, extrait lui-même du registre de correspondance, aujourd'hui perdu, des prélats réfugiés à Soleure (1). M. Gaurard, chanoine de Darney, ayant eu ce registre entre ses mains, composa avec les lettres émanant soit des évêques, soit des collecteurs, un récit dont font partie les pages qui suivent. Son manuscrit avait été remis par lui à l'abbé de Villefrancon, autrefois secrétaire des

---

(1) M. de Bonnac, évêque d'Agen, et M. Franchet de Rans, évêque de Rhosy, suffragant (auxiliaire) de l'archevêque de Besançon.

évêques à Soleure ; il appartient à M. le marquis de Terrier-San-
tans, qui a bien voulu me le communiquer. On trouvera dans ce
récit de voyage des traits de charité dignes d'être conservés et
quelques détails intéressants, soit pour la vie de l'ancien curé de
Poligny, soit sur l'état de l'Allemagne et la situation du clergé
français en 1794.

L. PINGAUD.

Les commencements de leur voyage furent un peu pénibles. La
grande quantité de troupes répandues dans le Brisgau et le mar-
graviat de Bade, qu'ils avaient à traverser, les mit quelquefois
dans la nécessité de forcer la marche et les journées, afin de trouver un gîte pour la nuit. Les patriotes, d'un autre côté, qui, par le
duché de Deux-Ponts, faisaient des incursions dans le Palatinat,
et rendaient peu sûre la route de Manheim à Worms, les obligèrent
souvent de quitter la route et de prendre des détours pour les évi-
ter. Ainsi le permit la Providence, qui voulait dès le commencement fournir l'occasion de doubler leurs mérites. Ce genre d'é-
preuves en effet, loin de les décourager, ne servit qu'à ranimer
leur ardeur. On ne les avait pas vus sans inquiétude prendre cette
route, et on ne leur avait point caché que l'on craignait qu'ils ne
fussent souvent arrêtés et forcés même peut-être de rétrograder.
Aussi comme leur arrivée à Mayence les délivrait de toutes ces
difficultés, ils s'empressèrent d'en donner avis dès le jour même.

Après un très-court séjour dans cette ville, ils prirent la route
de Bonn, petite, mais forte et ancienne ville d'Allemagne dans l'é-
lectorat de Cologne, sur la rive gauche du Rhin. C'est la résidence
ordinaire de l'Électeur, qui y a un beau palais et de magnifiques
jardins. Ils y trouvèrent M. Talbert, chanoine de l'église de Besançon (1), qui leur fut fort utile. Ce chanoine était très-lié avec Mme la
marquise de Groslier et M. le bailli de Crussol, réfugiés comme
lui à Bonn. Il leur peignit la triste situation de tant d'ecclésiastiques réduits à la misère pour avoir suivi le cri de leur conscience,
et leur annonça l'arrivée de deux collecteurs qui venaient leur

(1) L'abbé Talbert, assez connu au siècle dernier comme prédicateur et surtout comme lau-
réat dans divers concours académiques, était né à Besançon en 1728 ; il mourut à Lemberg
(Gallicie) en 1803.

chercher des secours. L'un et l'autre touchés et attendris en par-
lèrent le jour même à M. le baron de Waldenfeld, premier ministre de l'Electeur, et par son entremise ils obtinrent à MM. les
Collecteurs, pour le lendemain huit heures du matin, une audience
particulière de S. A. E. et R. Monseigneur Maximilien-François,
archiduc d'Autriche, oncle de l'Empereur régnant en 1794. Admis
à cette audience, ils exposèrent à S. A. l'objet de leur voyage et
lui demandèrent la permission de collecter dans les différentes
parties de ses Etats situées en Westphalie (1). S. A. accueillit favorablement leur demande, et leur offrit la permission de faire la
collecte dans toutes les terres de sa domination. Ils témoignèrent
leur reconnaissance et acceptèrent avec joie une proposition qui
leur paraissait si avantageuse. S. A. leur fit en conséquence expédier toutes les lettres nécessaires et ordonna qu'on leur remît une
liste exacte de tous les établissements religieux de ses Etats. Elle
voulut enfin leur faire elle-même son don, et son référendaire reçut l'ordre de leur compter cent carolins (2). Ils s'empressèrent
de rendre compte à MM. les évêques de la générosité de l'Electeur
et de l'accueil favorable dont il les avait honorés. Ces prélats ac-
quittèrent la dette du clergé français en écrivant sur-le-champ à
S. A. une lettre de remerciement.

De Bonn, MM. Sanderet et Courbat passèrent à Cologne, ancienne,
grande, riche et célèbre ville, qui n'en est éloignée que de quatre
lieues. Comme ils allaient chez M. le Nonce de Sa Sainteté pour
lui faire part de l'objet de leur voyage, et prier S. E. de leur donner les renseignements qui pourraient leur être utiles, ils apprirent
l'arrivée de M. de Fontenay, grand-vicaire de Chartres, qui, animé
du même zèle qu'eux pour le soulagement de ses frères souffrants,
venait de leur chercher des secours dans la Hollande. Il était inté-
ressant pour eux de savoir dans quels pays il avait déjà collecté,
et quels étaient ceux où il se proposait de le faire. Ils cherchèrent
donc à avoir une conférence avec lui. Il leur dit qu'il venait de
parcourir une partie de la Hollande, et que, sans s'arrêter en

(1) La Westphalie est un des cercles de l'Empire, borné au nord par la mer d'Allemagne, à
l'est par le cercle de la Basse-Saxe, au sud par le cercle du Bas-Rhin, à l'ouest par les Pays-Bas.
On le divise en province et en duché de Westphalie. Le duché appartient à l'Electeur de Cologne. La province comprend plusieurs principautés et comtés. L'évêque de Munster et les ducs
de Juliers et de Clèves sont directeurs du Cercle.   (*Note du ms.*)

(2) Le carolin vaut onze florins vingt-quatre kreutzers, cours de France. Ainsi le don de l'E-
lecteur était de la valeur de cent louis.   (*Note du ms.*)

Westphalie, il allait directement à Vienne. Il leur remit une note des villes dans lesquelles il s'était arrêté et leur fit part d'une lettre du 28 avril, dans laquelle on lui parlait d'une somme de cinq mille livres qu'on venait de faire passer en Suisse pour les prêtres français indigents qui y étaient réfugiés. Fort aises qu'il ne dût point les gêner dans leur quête en Westphalie, nos charitables collecteurs se surent bon gré de l'avoir devancé à Bonn, pour y recueillir les premiers les dons de l'Electeur.

Malgré leurs recherches ils n'avaient encore trouvé aucune place gratuite pour servir d'asile à quelque ecclésiastique dans le besoin. Il y avait à Cologne environ soixante prêtres français, presque tous nourris gratuitement. On n'avait renvoyé jusqu'alors aucun de ceux qui s'y étaient réfugiés, et l'on paraissait disposé à accorder de même un asile à ceux qui s'y présenteraient de nouveau, pourvu que le nombre n'en devînt pas trop grand. La ville, quoique capitale de l'électorat, indépendante de l'Electeur, est gouvernée par six bourgmestres, dont deux sont régents comme l'étaient les consuls à Rome (1). Les Français qui y arrivaient ne pouvaient s'y fixer sans en avoir obtenu la permission d'un bureau établi pour cela. MM. les Collecteurs étaient persuadés que la recommandation de S. A. E. ne pouvait manquer d'être fort utile aux prêtres que MM. les évêques résidant en Suisse penseraient devoir y envoyer.

Avant de quitter cette ville, MM. les Collecteurs comptèrent à M. Mathieu Frantz, banquier, six cents écus de six livres, ou selon le langage du pays six cents couronnes de France, faisant la somme de trois mille six cents livres, cours de France, que ce banquier s'engagea à faire payer à l'ordre de Monseigneur de Rhosy, chez M. Gémusens à Bâle.

Ils entrèrent de là dans le duché de Berg, situé sur le bord oriental du Rhin, appartenant à l'Electeur Palatin. C'est un pays rempli de montagnes et de bois, dont la principale ressource est dans le commerce. La régence de Dusseldorf (2) leur refusa la permission d'y collecter, sur le motif que l'on faisait alors dans ce

(1) L'Electeur ne peut séjourner plus de trois jours dans la ville de Cologne sans la permission du Magistrat, qui prétend que la ville est libre et impériale.   (*Note du ms.*)

(2) Dusseldorf est la capitale du duché de Berg. L'Electeur y a un palais où il fait souvent sa résidence. Les curieux ne manquent pas d'y visiter la superbe galerie de tableaux qui le dispute aux plus belles collections de l'Europe en ce genre.   (*Note du ms.*)

duché, par les ordres de l'Electeur Palatin, une quête pour ses sujets maltraités par les Français, et qu'elle craignait, en accordant la permission demandée, de nuire à cette quête. Comme ils n'avaient pas trouvé à Cologne moyen de faire tenir à Soleure tous les fonds qu'ils avaient en main, ils s'adressèrent aux banquiers de Dusseldorf, mais il ne purent obtenir qu'une lettre de change de six cents livres sur Zurich.

Ils dirigèrent ensuite leur route par Essen (1) et Rechlinghausen (2), vers Munster, grande, peuplée, riche et fameuse ville du Cercle, capitale d'un des plus considérables évêchés d'Allemagne, dont l'évêque est souverain, prince d'Empire et suffragant de l'archevêque de Cologne. Il y a dans cette ville un grand nombre d'églises et un palais pour la résidence du prince-évêque. C'est là que la divine Providence se réservait de leur donner de nouvelles preuves d'une protection visible. S. A. E. de Cologne, prince-évêque de Munster, était dans cette ville lorsqu'ils y arrivèrent. Elle ne cacha point, et l'on sut bientôt qu'elle avait daigné leur marquer un vif intérêt, qu'elle leur continuait toute sa bienveillance et qu'elle leur désirait le plus heureux succès. Il n'en fallut pas davantage pour disposer les esprits en leur faveur; ils furent partout bien accueillis, et ils eurent la satisfaction de recevoir d'abondantes aumônes. Ils recueillirent dans la ville trois mille et quelques cents livres.

M. le baron de Furstemberg de Herdringen, issu d'une des plus anciennes et des plus illustres maisons d'Allemagne, chantre et chanoine capitulaire des églises cathédrales de Munster et de Paderborn, archidiacre d'Albersloe, conseiller intime de S. A. E. de Cologne évêque-prince de Munster, chancelier de l'Université et vicaire-général *in spiritualibus* dans la ville et le diocèse de Munster, affligé de l'état malheureux où il voyait réduit pour la cause de la religion un clergé qu'il estimait et chérissait, ne négligea rien pour rendre la collecte plus abondante dans la ville et dans tout le diocèse. Il fit publier au prône de toutes les paroisses de la ville et dans les églises des maisons religieuses, les lettres qu'avait fait expédier aux Collecteurs S. A. E. pour autoriser la

(1) Essen, ville dans le comté de La Marck, autrefois libre et impériale, aujourd'hui sujette à son abbesse. *(Note du ms.)*

(2) Ville capitale d'un petit comté du même nom, dans le cercle de Westphalie. Il y a un chapitre de dames. *(Note du ms.)*

collecte dans tous ses Etats; il y ajouta pour les chapitres et les monastères un mandement particulier des plus touchants; il remit à MM. les Collecteurs des lettres de recommandation pour les évêchés voisins. Enfin, pour rendre la personne des Collecteurs plus recommandable et inspirer par là toujours plus d'intérêt pour la bonne œuvre dont ils étaient chargés, il voulut que pendant leur séjour à Munster, ils fussent logés au séminaire comme le lieu où ils seraient le plus décemment.

Un autre instrument très-actif que la Providence ménageait dans cette ville pour le soulagement des prêtres déportés était M. le baron de Kerkering, chambellan et major au service de S. M. I. et R. MM. les Collecteurs n'hésitèrent point de l'appeler dans leurs lettres le père des malheureux prêtres français. Il en avait en effet toute l'affection, il en partageait toute la sollicitude. Instruit à l'avance de l'arrivée des Collecteurs à Munster et du motif qui les y amenait, il s'était appliqué à prévenir tous les esprits en leur faveur. Il avait examiné quels moyens pouvaient concourir à rendre la quête plus abondante. Il avait porté l'attention jusqu'au point de faire lui-même un travail, pour indiquer à MM. les Collecteurs les châteaux où ils iraient trouver les nobles auxquels ils n'auraient pu les présenter à Munster. Il était disposé à faire servir la haute considération dont il jouissait dans ce pays, l'étroite intimité dont l'honorait l'Electeur, pour placer gratuitement ceux des prêtres qu'on y enverrait. Le zèle avec lequel il s'était employé pour trouver des asiles aux ecclésiastiques déjà arrivés à Munster était pour ceux qui viendraient dans la suite un sûr garant de la bienveillance qu'il leur réservait.

Les Collecteurs éprouvaient de grandes difficultés pour faire parvenir en Suisse les sommes qu'ils avaient déjà amassées. M. de Kerkering, pour les mettre à même de suivre toute l'ardeur de leur zèle, s'offrit à être le dépositaire du trésor de ces pauvres si chers à son cœur. On voyait les infatigables Collecteurs, après avoir parcouru les villes et les campagnes, venir verser dans les mains du charitable baron les dons des fidèles, puis courir avec un nouvel empressement en recueillir de nouveaux, dont ils revenaient toujours avec joie grossir le pieux dépôt, que l'industrieuse charité du dépositaire trouvait de son côté le moyen d'accroître, en attendant qu'il eût trouvé ce qu'il cherchait de tout côté, une voie pour le faire passer le plus sûrement et le plus promptement possible, en tout ou en partie, afin de soulager les besoins pressants qui le réclamaient. N'était-ce pas là justifier le titre de père des prêtres que lui donnaient MM. les Collecteurs? Et que fallait-il de plus pour acquérir des droits inviolables à l'éternelle reconnaissance du Clergé français?

Mᵐᵉ la baronnne de Kerkering, chanoinesse de l'illustre chapitre de Hohenholt, partageait les charitables dispositions et le zèle empressé de M. son frère. Elle ne négligea rien de son côté pour faciliter aux Collecteurs le succès de leur mission et assurer la bonne œuvre à laquelle ils s'étaient dévoués. Elle les présenta ou leur procura l'accès dans les meilleures maisons de la ville; elle leur ménagea des protections; elle leur obtint des lettres de recommandation; en un mot, son zèle, sa générosité, son amour pour les prêtres français déjà fixés à Munster, et qu'elle étendit également sur ceux qui pourraient y arriver, étaient, selon l'expression même des Collecteurs, comparables au zèle, à la générosité, à l'amour de Mᵐᵉ de Sury (1).

MM. les évêques, édifiés et touchés de ces consolants détails, écrivirent à M. le baron de Furstemberg, à M. le baron et à Mᵐᵉ la baronne de Kerkering pour leur témoigner la juste et vive reconnaisance du Clergé français au soulagement duquel ils daignaient s'intéresser avec tant de zèle, et ils leur demandèrent en même temps de vouloir bien continuer leur bienveillance et leurs bons offices aux malheureuses victimes de la révolution qui étaient déjà ou qui pourraient arriver par la suite dans la ville ou l'évêché de Munster.

MM. les Collecteurs ne laissèrent point ignorer que c'était en bonne partie à M. de Sagey, vicaire-général du Mans (2), retiré à Munster, qu'ils devaient la protection des trois bienfaiteurs dont nous venons de parler, et de plusieurs autres qu'il aurait été,

---

(1) On ne pouvait donner à quelqu'un qui habitait Soleure en 1794 une plus haute idée de la bienveillance de Mᵐᵉ de Kerkering envers les prêtres malheureux qu'en la comparant à Mᵐᵉ la baronne de Sury, née Tschudi. La charité avec laquelle cette vertueuse dame s'est entièrement consacrée au soulagement des prêtres déportés, le zèle infatigable et constant avec lequel elle a soutenu la bonne œuvre, malgré les difficultés qui augmentaient chaque jour, lui ont acquis les droits les mieux fondés à la reconnaissance du Clergé français. Sa modestie seule l'emporte sur sa charité. Il fallait être Mᵐᵉ de Sury pour faire tout ce qu'elle fait : on croirait à peine qu'il soit possible. Entendez-la, elle ne fait rien, elle veut n'avoir rien fait.   (*Note du ms.*)

(2) L'abbé de Sagey, qui appartenait à une famille franc-comtoise, était chanoine du chapitre noble de Gigny (Jura). Il mourut évêque de Tulle en 1825.

dirent-ils, trop long de détailler. Logé chez Mme la baronne de Kerkering, étroitement lié avec toute cette famille bienfaisante, très-connu et estimé de tous les chefs ecclésiastiques, civils et militaires, M. de Sagey se fit un plaisir et un devoir de faire tourner au profit de la bonne œuvre la considération particulière dont il jouissait dans la ville, et qui lui servait constamment pour contribuer au soulagement des prêtres français, qui presque tous devaient en partie à son zèle les secours qu'ils recevaient. Il présenta partout les Collecteurs, il les accompagna, il plaida leur cause, et il eut cette consolation si douce pour une âme sensible de voir retomber dans leurs mains la récompense de ses peines. Il fit plus : il se chargea de traiter lui-même l'autre objet de leur mission, savoir : de chercher dans le pays des asiles pour des ecclésiastiques et des religieuses sans ressources dans la Suisse; il en conféra avec eux, il travailla, il forma son plan, et la connaissance qu'il avait du pays, les égards qu'on lui témoignait, les protections qu'il avait su ménager au Clergé français, assuraient à MM. les Collecteurs la réussite du plan. Nous le donnons d'après la lettre de M. de Sagey à Monseigneur de Rhosy, en date du 20 juin.

1° Il commence par observer que la bonne et édifiante conduite des ecclésiastiques français déjà placés à Munster ayant beaucoup contribué à augmenter les dispositions favorables qu'on leur avait témoignées à leur arrivée, il est de la dernière importance d'entretenir et d'accroître la réputation que s'y est acquise le Clergé français, en mettant un sage discernement dans le choix des sujets qu'on y enverra; il faut que ces ecclésiastiques, qui seront isolés et abandonnés à eux-mêmes, puissent se soutenir par la vertu.

2° S'ils entendaient et parlaient facilement l'allemand, ils pourraient être utiles dans les paroisses de la campagne ou entrer dans des maisons honnêtes, en qualité d'instituteurs.

3° Il ne faudra les faire arriver que successivement, deux à deux, et l'on aura soin que chacun d'eux soit muni d'un certificat signé d'un évêque français, scellé du sceau de ses armes et contenant la clause expresse qu'il a constamment professé la saine doctrine.

4° On pouvait déjà faire partir six religieuses : deux Clarisses, deux Visitandines en état d'instruire, et deux autres à la volonté de MM. les évêques, en prenant la précaution d'associer une française à une alsacienne. Les religieuses qu'on enverra seront, autant que faire se pourra, placées dans des maisons de leur Ordre, ou au moins de celles qui approcheront le plus de leur institut; on pourrait donner aux six religieuses deux ecclésiastiques pour les conduire.

5° Dans le cas où, parmi les ecclésiastiques retirés dans la Suisse, il ne s'en trouverait point ou qu'un très-petit nombre sachant l'allemand, M. de Sagey proposait de s'adresser à S. A. E. Mgr le cardinal de Rohan, qui entretenait à ses frais un certain nombre de ses prêtres, pour lui demander de faire des échanges.

Ce plan, à l'exécution duquel M. de Sagey se dévouait tout entier, présentait de grandes ressources dont on n'aurait pas manqué de profiter. On l'avait même déjà préveeu que lorsqu'il ferait la demande de quelques sujets, pour occuper des places qu'il leur aurait trouvées, il fallait qu'il eût en même temps l'attention d'envoyer une permission par écrit des officiers civils de Munster, portant qu'ils consentaient à ce que tel ecclésiastique, telle religieuse vinssent occuper la place qui leur était offerte, parce que le ministre de S. M. I. résidant à Bâle attachait tellement à cette formalité l'obtention des passe-ports nécessaires pour pouvoir pénétrer dans l'évêché de Munster, qu'il avait répondu ne pouvoir absolument en faire expédier aucun sans cela. Mais malheureusement la seconde entrée des patriotes dans le Brabant, sous le commandement de Pichegru, empêcha l'exécution du projet. Un grand nombre d'ecclésiastiques qui s'étaient jetés dans les provinces belgiques après la retraite de Dumouriez, obligés de fuir alors et d'abandonner les asiles que leur avait offerts la charité, entrèrent dans l'évêché de Munster et y prirent les places qu'on espérait y ménager pour ceux de la Suisse.

Cependant MM. les Collecteurs parcouraient les campagnes de l'évêché de Munster pour y recueillir le denier de la veuve. Arrivés à la frontière de Hollande, ils se rappelèrent les succès qu'a eus dans quelques unes des villes de ce pays M. l'abbé de Fontenay. Il en est plusieurs dans lesquelles il n'est point entré, et où probablement ils se présenteraient avec le même succès. Ils ont les mêmes droits que le grand-vicaire de Chartres, puisqu'ils cherchent comme lui à soulager la vertu souffrante; pourquoi donc n'iraient-ils pas avec la même confiance? Leur zèle s'enflamme; ils se décident, ils vont directement à La Haye, village magnifique des Provinces-Unies, dans la Hollande, où les États généraux de ces Provinces, les ministres et les ambassadeurs étrangers près de la

République font leur résidence. Ce village, qui n'a point de rang parmi les villes de la Hollande, peut cependant être comparé aux plus belles villes de l'Europe par son étendue, le nombre et la beauté de ses palais et de ses rues, et la magnificence de ses promenades. Il s'y fait un grand commerce, surtout en librairie.

Une lettre de recommandation que leur avait donnée la princesse de Galitzin leur procure une audience de LL. AA. RR. le prince et la princesse d'Orange ; ils y exposent l'objet de leur voyage, ils intéressent, ils touchent ; Son Altesse Stathoudérienne leur observe qu'il ne dépend pas d'elle de leur accorder la permission qu'ils demandent, que c'est aux États généraux qu'ils doivent nécessairement s'adresser, et que, malheureusement les collectes étant contre la constitution du pays, il est fort à craindre que leur demande ne soit pas favorablement accueillie ; qu'en conséquence ils feraient peut-être bien d'examiner avec M. l'ambassadeur d'Espagne s'il ne vaudrait pas mieux faire secrètement cette quête, sans une permission expresse de leurs Hautes Puissances, qui certainement ne manqueraient pas de fermer les yeux comme elles l'avaient déjà fait peu de temps auparavant pour M. de Fontenay. Après quoi LL. AA. RR. voulurent avant de les congédier leur donner des preuves de l'intérêt qu'elles prenaient au sort des malheureux frères qui étaient l'objet de leur zèle ; et, malgré les bienfaits qu'elles répandaient journellement sur les prêtres retirés dans la Hollande, malgré les deux mille livres qu'elles avaient déjà données peu de temps auparavant à M. de Fontenay, elles leur remirent encore soixante louis en or. Le Clergé français n'apprit pas sans attendrissement ce nouveau trait de bienfaisance, et MM. les évêques qui voulaient bien être son organe écrivirent à LL. AA. pour leur présenter l'hommage de sa sensible reconnaissance.

MM. les Collecteurs se rendirent donc, selon le conseil du Prince, chez M. l'ambassadeur d'Espagne ; ils eurent avec S. E. une conférence dont le résultat fut qu'une quête, dans les circonstances où ils se trouvaient, ne paraissait pas prudente, était même comme impossible, et que le grand nombre d'émigrés français et brabançons, ecclésiastiques et laïques, que l'invasion du Brabant forçait à se retirer dans les Pays-Bas hollandais, ne leur laissait pour le moment d'autre parti à prendre que celui de la retraite. Après avoir fait une course à Amsterdam, où ils recueillirent une centaine de florins, ils rentrèrent dans l'évêché de Munster, avec l'intention de retourner dans la Hollande par le Groningue, l'une des sept Provinces-Unies, lorsqu'ils auraient parcouru la partie septentrionale du Cercle de Westphalie, si toutefois les circonstances étant changées le leur permettaient.

Leurs courses dans l'évêché les ayant rapprochés de Munster à la distance de trois lieues, M. Sanderet quitta son compagnon pour apporter à leur charitable trésorier, M. le baron de Kerkering, 2.960 livres. Il vit en même temps M. de Sagey, qui lui annonça qu'il fallait renoncer au projet d'appeler des prêtres de la Suisse, pour les placer dans ce pays. Le nombre prodigieux d'ecclésiastiques français qui arrivaient du Brabant y formait un obstacle insurmontable : ils étaient déjà au nombre de trois cents à la date du 21 juillet, et tous les jours il en arrivait de nouveaux. Il n'était pas moins à craindre que ce fâcheux évènement ne nuisît beaucoup à la collecte dans les autres parties du Cercle, où se retiraient les prêtres obligés de quitter les provinces belgiques; et en conséquence, il devenait de jour en jour plus pressant d'accélérer la bonne œuvre. Aussi, dès que M. Sanderet eut rejoint M. Courbat, ils se rendirent à Paderborn, ville ancienne, grande et bien peuplée, capitale d'un petit état souverain possédé par son évêque, qui est prince d'Empire et suffragant de Mayence. C'était S. A. Mgr Frédéric-Guillaume de Westphalie, prince-évêque d'Hildesheim dans la Basse-Saxe, qui en 1794 était en même temps prince-évêque de Paderborn. Ils demandèrent et obtinrent la permission de collecter dans la ville et tout le diocèse.

Ils rencontrèrent dans cette ville M. Jacquerey, natif de Giromagny en Alsace, qui y était établi en qualité de docteur en médecine; il avait fait ses études à Colmar chez les Jésuites sous le P. du Rosoy et ensuite au séminaire de Besançon. Touché de l'état déplorable où se trouvaient réduites des personnes qui lui avaient rendu service dans sa jeunesse, ce charitable docteur remit à MM. les Collecteurs vingt-quatre livres pour son ancien professeur, et dans le cas où il ne les accepterait pas, pour un directeur du séminaire de Besançon. Peu satisfait de ce premier acte de générosité, sa reconnaissance alla plus loin : il offrit de recevoir et nourrir gratuitement M. du Rosoy, ou à son défaut, un directeur du séminaire de Besançon.

La collecte finie dans la ville, M. Courbat se chargea de la faire seul dans l'évêché, et M. Sanderet reprit la route de Munster, dont il était éloigné de dix-sept lieues, afin de se procurer des lettres de recommandation pour Osnabruck. Il profita de la circonstance pour ajouter 640 livres au dépôt qu'ils avaient entre les mains de M. de Kerkering.

De là il se rendit à Osnabruck : cette ville ancienne et assez considérable, avec une Université, est capitale d'un évêché fondé par Charlemagne, dont l'évêque est souverain. La religion catholique et la luthérienne y ont l'une et l'autre libre exercice de leur culte.

Les ducs de Brunswick s'étant emparés de cet évêché, il fut conclu dans le traité de Westphalie, et il s'est toujours pratiqué depuis, qu'il serait possédé alternativement par un prince catholique et par un prince de la maison de Brunswick qui est luthérienne. Il l'était, lors de la collecte en 1794, par un fils du roi d'Angleterre. Malgré ses lettres de recommandation, malgré toutes ses démarches, M. Sanderet ne put obtenir la permission de collecter dans ce pays qu'auprès du clergé, qui malheureusement est pauvre et peu nombreux. D'ailleurs il y avait déjà quelques ecclésiastiques sur lesquels on versait journellement des bienfaits. Les peines de M. Sanderet ne furent pas absolument perdues. Dans la ville et une partie des paroisses des environs, il reçut 282 florins de Hollande, faisant 600 livres de France, qu'il envoya directement à Soleure par une lettre de change de pareille somme que lui donnèrent MM. Moes, d'Amsterdam, MM. Rudolph et Eric Schwartz, banquiers à Osnabruck, en l'assurant qu'on devait la commercer avec profit en Suisse, à Bâle ou à Zurich.

Après avoir parcouru tout le diocèse d'Osnabruck, tandis que M. Courbat faisait de même dans celui de Paderborn, ils se réunirent tous les deux à Munster, pour se porter ensuite dans d'autres parties du Cercle de Westphalie. Les collectes des deux diocèses, sans y comprendre ce qu'avaient donné les deux villes capitales, se montèrent à une somme de 1.396 livres, remises également à M. de Kerkering, qui, après décompte fait, se trouva au 1er septembre avoir entre les mains 8.400 livres appartenant à la collecte, qu'il promit à MM. les Collecteurs d'envoyer en Suisse le plus tôt possible. Ils trouvèrent dans le paquet qui leur était venu de Soleure la lettre de remerciement de MM. les évêques à LL. AA. RR. le prince et la princesse d'Orange, qu'ils eurent grand soin de leur faire parvenir, et après s'être présentés chez M. le baron et chez Mme sa sœur pour leur réitérer leurs remerciements et leur offrir de vive voix les sentiments de reconnaissance que MM. les évêques leur avaient déjà exprimés dans leurs lettres, et avoir prié M. de Sagey de leur rendre cet office près de M. le baron de Furstemberg, alors absent de la ville, ils se mirent en devoir de continuer leur mission.

Pour pouvoir remplir cette mission dans les comtés de Tecklembourg, de Ravensberg et de Lingen, il fallait nécessairement un voyage à Minden, parce que ces trois petits comtés, qui appartiennent au roi de Prusse, n'ayant point de régence particulière, dépendent de celle qui est établie en cette ville. Ils se déterminèrent donc à se séparer une seconde fois pour l'avantage de la bonne œuvre, et se donnèrent rendez-vous à Bremen. En attendant, M. Courbat devait aller parcourir quelques unes des parties de l'évêché de Munster, où il n'avait point encore collecté, et M. Sanderet prit la route de Minden. Chemin faisant, il se hasarda de frapper aux portes des villes du comté de Lippe, petit état du Cercle qui a ses comtés particuliers, dont la famille est partagée en deux branches, celle de Detmold et celle de Buckenbourg; mais il frappa en vain. Les portes ne s'ouvrirent point, l'intolérance de ce petit état envers les malheureux émigrés français s'étendit jusqu'aux Collecteurs, et quoique M. Sanderet fût muni de tous les certificats qu'il offrit de montrer, il ne put obtenir l'entrée dans la ville où réside la régence du comté. On se contenta de lui envoyer à la porte de la ville, en argent du pays, la valeur de quatre livres de France, avec injonction de quitter le pays dans le jour même; il était cependant sept heures du soir, et il fut obligé de faire encore deux grandes lieues, par une pluie abondante, avant de trouver un chétif asile qu'on lui refusa d'abord, et dont il fut redevable à la protection de deux ouvriers qui, touchés de compassion, plaidèrent si fortement sa cause, qu'ils lui obtinrent le couvert pendant la nuit. Le pieux Collecteur crut voir dans cet évènement une épreuve ou même une récompense que lui envoyait la Providence, et il se crut heureux d'avoir quelque chose à souffrir, en travaillant à être utile à ses frères.

Il arriva le lendemain à Minden, ville considérable, capitale de la principauté du même nom, bâtie sur le Weser, avec un pont qui en fait un grand passage et la rend très-commerçante. Elle

avait autrefois un évêché, supprimé par l'Electeur de Brandebourg, souverain de cette principauté. L'ardent missionnaire,
muni de lettres de recommandation pour les hauts et puissants
seigneurs de la régence, ne négligea rien pour obtenir la permission qu'il venait y solliciter; mais il eut la douleur de voir sa
demande rejetée. La régence donna pour raison de son refus,
que Sa Majesté Prussienne avait rigoureusement défendu toute
collecte dans ses États sans une permission expresse de sa part,
et qu'en outre, il se faisait déjà, par son ordre exprès, une
collecte les dimanches et fêtes dans toutes les paroisses de ses
États, en faveur des soldats blessés et des veuves et enfants de
ceux qui avaient été tués, collecte que S. M. avait fort à cœur,
et dont elle exigeait qu'on lui rendît un compte très-exact. C'était
enlever à MM. les Collecteurs les secours qu'ils eussent pu
recueillir dans la principauté assez étendue de Minden, et dans les
trois petits comtés de Tecklembourg, de Ravensberg et Lingen.
Il en coûte à un quêteur de lâcher prise, quand il fait ce métier
par zèle pour secourir des frères souffrants, et la charité qui
donne du courage, inspire aussi quelquefois des ruses utiles.
On ne sera donc point surpris de voir l'industrieux Collecteur, sous
le prétexte de quelques commissions secrètes, se glisser dans cer-
taines maisons et trouver moyen d'emporter de Minden une somme
de 300 livres.

De Minden, M. Sanderet passa dans le comté de Hoya, appartenant à l'Electeur de Hanovre; il croyait y trouver une régence;
mais point du tout, c'était à celle de Hanovre qu'il fallait s'adresser
pour avoir la permission de collecter dans ce comté, dans la principauté de Verden et le duché de Bremen qui, quoique du cercle
de la Haute-Saxe, avait été compris dans la collecte du district des
Collecteurs de Westphalie, ces différents États appartenant tous à
l'Électeur de Hanovre. De l'endroit où il était, il y avait au moins
vingt lieues jusqu'à la ville de Hanovre; sa charité ne s'en effraie
point; il se décide, il part, il arrive; il présente requête à la régence, il rend toutes les visites d'usage, il s'y fait accompagner
de pasteurs catholiques, qui joignent leurs instances aux siennes,
et malgré toutes ses démarches et son zèle, il n'obtient rien. La
régence répond à sa requête, qu'elle ne peut accorder la permission demandée, que le pays est trop pauvre pour autoriser une
collecte, que d'ailleurs cette affaire regarde personnellement l'Elec-

teur. Pour adoucir néammoins ce que son refus avait d'amer pour un homme surtout qui lui avait paru suivre cette affaire avec tant de chaleur, la compatissante régence l'accompagna d'un mandement de 50 ducats du pays, ce qui faisait argent de France, 550 livres (1).

Lorsque MM. les Collecteurs s'étaient séparés au sortir de Munster, dans le commencement de septembre, ils s'étaient donné rendez-vous sur la fin du mois à Bremen, capitale du duché de ce nom, où ils se trouvèrent en effet le 27. Cette ville, grande, peuplée et très-commerçante, eût probablement rapporté beaucoup à la collecte, s'il leur eût été permis de le faire hautement ; mais, après le refus de la régence de Hanovre, il fallut se borner à y solliciter quelques secours en secret. M. le baron de Vrintz de Trevenseldt, conseiller impérial aulique, conseiller intime de S. A. S. Mgr le prince de la Tour-Taxis, ministre résident impérial et directeur-général des postes impériales à Bremen, ayant offert à MM. les Collecteurs de faire parvenir en Suisse l'argent qu'ils avaient à y envoyer, ils remirent à S. E. cinquante huit ducats et demi et quarante-neuf pistoles. Ils ne pouvaient alors évaluer au juste cette somme, parce que l'or qu'ils avaient laissé étant marchandise dans ce pays, son prix augmentait ou diminuait d'un jour à l'autre, et M. le baron leur avait promis de profiter d'un moment avantageux pour en tirer le meilleur parti. Ils pensaient cependant qu'en tout état de cause, cela ne pouvait faire moins de 1.700 livres argent, cours de France.

D'un autre côté, M. le baron de Kerkering, dépositaire d'une somme de 8.400 livres laissées par MM. les Collecteurs entre ses mains et que sa charité avait augmentée depuis leur départ de 200, s'occupait des moyens de les faire passer à Solouro. Il essaya d'abord d'envoyer à Mgr d'Agen une somme de 600 livres en demandant si l'on voulait qu'il se servît de la même voie pour le restant de la somme. Et comme il craignait d'être dans le cas d'émigrer lui-même, il désirait que, pour ne pas le compromettre, on se contentât de lui répondre que l'on avait reçu la brochure qu'il avait envoyée, et que l'ami par lequel elle était parvenue permettait qu'on lui en adressât la suite, quand elle paraitrait, pour la faire également arriver à sa destination. Mgr d'Agen, ayant effecti-

---

(1) Le ducat vaut par conséquent à Hanovre onze livres argent de France.   (*Note du ms.*)

vement touché ces 600 livres le 9 novembre suivant, en accusa la réception à M. le baron.

MM. les Collecteurs que nous avons laissés réunis à Bremen jugèrent que l'intérêt de la collecte exigeait qu'ils fussent de nouveau séparés. Le grand nombre d'émigrés brabançons, français, hollandais et des pays situés sur les bords du Rhin qui arrivaient tous les jours dans la Westphalie leur fit sentir la nécessité de parcourir au plus vite des contrées qu'ils prévoyaient ne pouvoir plus parcourir dans peu, aussi utilement ou même décemment; M. Courbat reprit donc ses courses dans l'évêché de Munster, et M. Sanderet se décida à se porter dans la partie septentrionale du cercle où sont situés les comtés d'Oldembourg et de Delmenhorst qui, après avoir appartenu au roi de Danemark comme descendant de la maison d'Oldembourg, se trouvent actuellement dans la possession des ducs de Holstein, et la principauté d'Ost-Frise qui, après avoir eu quelque temps son souverain particulier sous la protection des Provinces-Unies, est depuis 1744 sous la domination du roi de Prusse. Il trouva dans les régences de ces deux souverainetés les mêmes dispositions que dans celles de Minden et de Hanovre. On ne voulut point lui permettre d'y collecter, et tout ce qu'il put faire, ce fut de profiter des occasions que lui fournissait la remise de ses lettres de recommandation pour solliciter et recueillir secrètement quelques secours légers, comme il l'avait déjà fait dans le comté d'Hoya et la principauté de Verden. Après quoi il entra dans l'évêché de Munster vers la mi-octobre, et après quelques jours de course dans les campagnes, il arriva à Meppen, ville située sur l'Ems, dépendante de l'évêché et à la distance de vingt lieues de la capitale. Il remit à M. le baron de Vrintz, gentilhomme de la chambre de Mgr de Lubeck, fils de celui de Bremen, 780 livres de France, qu'il lui promit d'envoyer à M. son père pour être joint à la somme qu'il s'était chargé de faire tenir en Suisse, et à ce moyen l'envoi devait être au calcul de M. Sanderet de 2.480 livres de France, sauf toutefois le prix que l'or se trouverait avoir à Francfort.

MM. Allésina, de Francfort, écrivirent en effet le 28 octobre à Mgr de Rhosy, qu'ils avaient à lui faire passer par ordre de M. le baron de Vrintz, résidant impérial à Bremen, environ 100 louis neufs; que dans peu ils marqueraient la somme au juste, et qu'en attendant ils envoyaient toujours un effet de 990 livres sur Jean-Jacques

Bischoff l'aîné, de Bâle, puis par une autre lettre du 31 du même mois, ils annoncèrent l'envoi d'une seconde lettre de change de 1.680 livres sur Nicolas Priesverch, de Bâle. Ces deux sommes passées et payées à l'ordre de Mgr de Rhosy, faisaient celle de 2.670 livres, 180 livres par conséquent plus que n'avait annoncé M. Sanderet, mais qui était le profit qu'il espérait, comme nous l'avons vu, du prix de l'or à Francfort.

Depuis que MM. les Collecteurs étaient sortis de Bremen, dans les derniers jours d'octobre, M. Courbat, rentré dans l'évêché de Munster, en parcourait, non sans peine mais avec fruit, les villes et les campagnes. M. Sanderet, après ses courses plus fatigantes qu'heureuses dans l'Oldembourg et l'Ost-Frise, rentré dans l'évêché sans savoir où était son compagnon, y collectait de son côté; ils se rencontrèrent enfin et vinrent ensemble à Munster sur la fin de novembre. Ils y trouvèrent une lettre de MM. les évêques qui leur laissait entrevoir que, s'ils désiraient être autorisés à revenir de leur mission, ils s'en rapportaient sur cet objet à leur prudence, en les invitant à prendre conseil des circonstances.

Ils avaient déjà, comme nous avons vu, parcouru tout le Cercle de la Westphalie, à la réserve du petit comté de Rechlinghausen et du duché de Westphalie, des duchés de Clèves et de Juliers et du comté de la Marck. Le duché de Clèves, l'un des plus beaux et des meilleurs pays du Cercle sur le Rhin, qui le partage en deux, après toutes les constestations du siècle dernier, appartenait enfin au roi de Prusse, ainsi que le comté de la Marck (1) situé sur la Lippe, qu'il possède comme Electeur de Brandebourg. Ils ne pouvaient espérer, après le refus positif et motivé de la régence de Minden, qu'on leur permît d'y collecter. Il en était de même du petit duché de Juliers, qui est à l'Electeur Palatin. Pour le duché de Westphalie et le petit comté de Rechlinghausen ils avaient bien reçu de S. A. l'Electeur de Cologne, souverain de ces deux Etats, les permissions nécessaires. Mais 1° ce pays est impraticable pendant l'hiver. 2° Il était depuis peu rempli de prêtres français, coloniens, et d'émigrés laïques de tous les pays de l'autre côté du Rhin, que l'invasion de Pichegru avait forcés de s'y retirer. 3° Les

---

(1) Ce comté a pour capitale Hamm, petite mais forte ville, qui a servi quelque temps d'asile à Louis XVIII, alors Monsieur, et à son frère, Mgr le comte d'Artois.

(Note du ms.)

troupes impériales y avaient leur quartier pendant l'hiver. 4° Tous les nobles barons allemands avaient quitté leurs châteaux pour s'éloigner. 5° Les gens du pays qu'ils avaient consultés leur conseillaient tous de ne point entreprendre à ce moment dans le duché une collecte qui dans les circonstances ne permettait aucun succès. Se reposer pendant l'hiver dans l'évêché de Munster et y attendre le retour du printemps pour reprendre à cette époque leurs opérations de charité, dans le cas où les obstacles du moment viendraient à disparaître, c'était, vu l'excessif renchérissement des denrées, acheter par une dépense certaine et considérable l'espérance d'une récolte qui paraissait peu assurée et devait être peu abondante. D'ailleurs, ils ne pouvaient se dissimuler que les prêtres français récemment arrivés voyaient de très-mauvais œil enlever pour les besoins de ceux de la Suisse des secours qui déjà leur étaient à eux-mêmes très-nécessaires, et qui le leur devenaient de jour en jour de plus en plus. Dans cet état de choses leur retour leur parut prudent et commandé par les circonstances; ils se disposèrent à reprendre au plus tôt le chemin de la Suisse, dans l'intention cependant de revenir une seconde fois dans ce pays, si MM. les évêques, après avoir demandé et obtenu des souverains les permissions refusées par les régences, jugeaient à propos de leur confier la même commission.

Leur détermination prise, ils ne s'occupèrent plus que des moyens de terminer ce qui pouvait en retarder l'exécution. Ils firent toutes les visites que leur imposait la reconnaissance à l'égard des personnes charitables qui les avaient honorés de leur bienveillance et avaient saisi avec empressement toutes les occasions de leur être utiles et à la bonne œuvre dont ils étaient chargés. Ils ajoutèrent à la somme dont M. le baron était dépositaire, 1.680 livres, fruit de leurs dernières courses dans l'évêché, et 113 livres recueillies dans leurs visites d'adieu. Ce respectable seigneur leur remit pour emporter avec eux une reconnaissance de l'argent de la collecte qu'ils avaient déposé entre ses mains. Il leur promit de travailler incessamment à le faire passer en détail par la voie dont il s'était déjà servi et qui avait si bien réussi. Il devait même dans peu de jours faire partir une somme de 1.800 livres. Tout étant ainsi arrangé, ils se mirent en route dans les premiers jours de décembre, et le 20 du même mois ils arrivèrent à Soleure.

Ils furent admis le 22 au bureau formé par MM. les évêques pour y traiter les affaires des collectes. M. Sanderet y rendit compte de la manière dont ils avaient rempli leur mission. Après un certain détail sur les pays qu'ils avaient parcourus et les moyens employés pour y pénétrer, il parla de ceux que des circonstances locales ou la rigueur de la saison ne leur avait pas permis de parcourir, et indiqua la manière dont il pensait qu'on devait s'y prendre pour se procurer les permissions nécessaires, dans la supposition où MM. les évêques décideraient dans leur sagesse qu'on tenterait une seconde collecte. Traitant ensuite l'article des secours qu'ils avaient recueillis, il rappela les sommes déjà parvenues et qui, réunies à celles qui devaient encore arriver, se portait à une somme de ...., produit total de leur collecte. Il accompagna son rapport de la remise sur le bureau : 1° D'un billet ou obligation de M. le baron de Kerkering de la somme de 2.393 livres, sur quoi il y avait à déduire les 600 livres envoyées et touchées le 9 novembre précédent. 2° De toutes les pièces relatives à leurs collectes, comme lettres de mission, instructions, mémoires et autres papiers à eux remis lors de leur départ, et permissions obtenues pendant leur voyage.

Mgr d'Agen, s'adressant alors à MM. les Collecteurs, leur observa que le produit de la collecte de Westphalie étant le fruit de leurs peines et de leurs fatigues, ils avaient un double titre à recevoir sur cette somme ce qui pouvait leur être nécessaire ; sensibles comme ils devaient l'être à cette offre généreuse, ces deux messieurs en témoignèrent leur reconnaissance et répondirent qu'heureusement ils n'étaient point pour lors dans le cas d'en profiter, parce que les fonds qu'ils avaient pris soin de se ménager avaient suffi jusqu'alors et suffisaient encore à leurs besoins ; mais que, si par le malheur des circonstances ces fonds ne pouvant être renouvelés se trouvaient enfin épuisés, ils viendraient avec confiance exposer à MM. les évêques le pénible de leur situation. Le prélat reprenant alors la parole s'étendit sur les éloges que méritait leur zèle, et leur exprima d'une manière noble et touchante la reconnaissance de tous les prélats français, qui leur avaient donné la mission, et de tous les ecclésiastiques qui en avaient été l'objet ; à quoi il ajouta en finissant l'assurance si flatteuse pour MM. les Collecteurs de ses sentiments particuliers.

L'argent laissé à Munster entre les mains de M. de Kerkering vint ensuite en détail, suivant les occasions que trouvait M. le baron. Au mois de mars 1795, il était déjà arrivé à Soleure par différentes voies 6.290 livres.